使命に生きる

大林誠一

はじめに

誰もが等しく使命を持っている

社会に本物の和をつくる——。
これが、わたしが掲げている理念であり、使命です。

人は誰もが等しく使命を持っている。
わたしはそう考えています。

ところが、自分の使命に気づいている人は、
あまり多くないのかもしれません。

はじめに

本書を手にとっているあなたは、
自分がなんのために生まれてきたのか、
思いめぐらせたことがあるでしょうか？

変化の時代こそ、使命が見える

世の中はいま、
大きな変化のときを迎えています。

一瞬で世界が変わり、
これまでの当たり前が、
当たり前ではなくなっていく……。

先が見えないことに、

不安を感じている人もいるでしょう。

これからどう進んでいけばいいか、
わからなくなっている人もいるはずです。

突然やってきた新しい時代のはじまりに、
充実感や高揚感を抱いている人も
いるかもしれません。

いずれにしても、
わたしたちはいま、
見たことのない世界を生きています。

そんなときこそ、

使命に気づくチャンスであると、
わたしは思います。

逆境に立たされたとき、
人は試されます。

自分が生まれてきた意味はなんなのか。
どうしてこの世に生まれてきたのか。
考えざるを得なくなります。

「自分」を生きる

わたし自身、
これまでに何度も命が終わってもおかしくない

という状況に陥ってきました。

現在でも時折、
「いまこうして生きているのが奇跡だ」
と感じることもあります。

うまくいくこともあれば、
謙虚さが欠けて足元をすくわれたこともあります。

信じていた人に裏切られたこともあれば、
人のあたたかさに、涙があふれたこともあります。

天からの思わぬ采配《さいはい》に助けられたこともあれば、
せっかくつかんだチャンスが

手からすり抜けていくこともありました。
数限りない失敗を繰り返してきました。

去る人もいました。
調子のいいときにだけ寄ってくる人もいました。
手を差し伸べてくれる人もいました。
ともに歩いてくれる人もいました。

「もうダメだ」と思った瞬間、
それでも踏ん張ることができたのは、
思いとどまらせてくれる人々の存在があったからです。

どんなに苦しい状況に立たされても

わたしが生きてこられたのは、
人の縁によって生かされてきたからです。

恩返しと恩送り

会社員や経営者として
30を超える業種に触れてきましたが、
ありがたいことに、
いま、わたしは素晴らしい縁に囲まれ、
穏やかな気持ちで生きることができています。

だからこそ、社会に本物の和をつくることで、
世の中に恩返しをしたい――。

これからを生きる人たちに
恩送りをしたい――。

長い長いトンネルを抜けて
ふと前を向いたとき、
社会に本物の和をつくること、
それこそがわたしの使命であることに気づきました。

そう思うようになってから、
「これまでの軌跡と経験値をまとめてほしい」
という声もいただくようになりました。

そこで、今回本書を執筆することにしたのです。

使命を生きたいすべての人へ

本書は、
伸び悩んでいる人、
いままさに逆境の渦の中にいる人、
本来の自分を見失いかけている人
新しい自分に出会いたい人
突破口を模索したい人
自分の可能性を信じたい人
そんな、あらゆる人々に向けて書きました。

挫折を経験しない人などいません。
世界中の成功者と呼ばれる人たちも、
数知れない失敗を繰り返し、

逆境を乗り越えてきました。
皆が必死に生きています。

いま、使命がなんなのかがわからなくても、
かならず道がひらける瞬間は訪れます。

誰もが、自分の使命に気づくことができる――。
誰もが、自分の使命を全うすることができる――。

本書が、自分にしかない答えを
見つけられるヒントになれば
こんなにうれしいことはありません。

2020年11月　大林誠一

使命に生きる　目次

2章 仕事をやり抜く

3章 人を動かす

4章 これからを生きる

1章

逆境を越える

考えて考えて考え抜くと、解は見つかる

考えることがすべてのはじまり

常に真剣に物事を考える。

ビジネスには、この姿勢が不可欠です。

「考える」ということは、誰もがしていることではないでしょうか。

でもそれだけでは不十分です。

物事が思いどおりに動かないとき、人の何倍、何十倍も考え、想像することで、はじめて乗り越えられることがあるからです。

わたしは、時折寝入るタイミングでふと起きてしまうことがあります。そんなときは、頭に浮かんだ案件について、とことん考えるようにしています。

とくに逆境に陥っているときは、考えることに徹底的に時間を費やします。

そのときに浮かんだことがかならずしも解決策につながるわけではないのですが、思わぬ場面で役立つことがあるのです。

結果的に、話の引き出し、提案、アイデアが増えます。

「答えが見つからない」

と嘆く人がいますが、考えることが足りないだけかもしれません。

ときには四六時中、考えて、考えて、考え抜いてみる。

その積み重ねでしか見えてこない景色があるはずです。

伝え方がすべてを左右する

いつ何時も、「相手の心に届く言葉」を心がける

「伝え方」は、すべてを左右します。

どんなにいいアイデアや提案を思いついたとしても、伝え方を間違えるだけで、理解してほしいことの50%も伝わりません。

だからこそ、相手に合った伝え方をする必要があるのです。

堅い業種の方には、いつもよりかしこまって丁寧に。

腹を割って話をするのを好む中小企業の社長さんには、フランクに。

言葉づかいや態度、表情など、相手の性格まで含めて「考える」のです。

交渉も同じ。

強気な態度で押すばかりでもなく、弱気でいるばかりでもない。

「いまここで、どんな言葉を投げかければ、相手の心に届くだろう」と慮《おもんばか》る必要があります。

無理難題な取引を可能にしたひと言

象徴的なエピソードがあります。

「明日までに2000万円の資金繰りをしなければならない」ということがありました。いまも、思い出すだけで背筋がぞっとします。

そのとき一番可能性があったのは、取引先から売上分をいただく方法でした。常識で考えれば、2000万円を資金化するには、早くても翌月入金ですが、このときは翌日…。すぐに購入して、明日入金してくださいという無茶な話です。

交渉の場で先方の誤解があり、「いわゆるコンプライアンスに引っかかるような企業と取引をしていませんか？」と質問されました。

そこでわたしは「惜しいです！　近いのですが違います」と返したのです。

この切り返しで相手が笑い、凍りついた空気が明るい雰囲気に。

結果、翌日に２０００万円を入金いただくことに成功しました。


切り返す力は、日々、とことん考えるという習慣で身につきます。

相手に伝わるように、言葉、姿勢、まなざしにまで気をつかう。

できれば切り返しは1秒以内、かかっても5秒以内が鉄則です。

これで、会話のテンポも崩さずに話を進められます。


伝え方ですべてが決まるのです。

伝え方で9割決まる

どんな逆境下でも、互いが浮上する道を見出す

その時々の一番の解決法を探る

ある事業の工事を担当していたときのことです。

木を切りすぎてしまったことが大きなクレームになったことがありました。結果、県に復旧計画を出さなければならない事態に陥ったほか、県の担当者のもとに、毎日のようにそのことでクレームを言いに通う人がいました。対応する県の担当者も疲れてしまい、「早く書類を出してください」とせっつかれる毎日…。ある日、とうとうわたしが出向くことになりました。

じつは、この木はわたしたちが切ったものではないのです。この工事を妨害している人がいて、あたかもこちらが切ったことにしてクレームを引き起こしていたという背景がありました。

つまり完全に濡《ぬ》れ衣《ぎぬ》だったのですが、施主の立場だったため、県にはいったん復旧計画書の提出を了承する姿勢を見せました。

そのうえでわたしは、「その木を切ることはもともと県が許可を出していたこと。その手前、県にも責任はある」ということを担当者に伝えました。

互いにとってのWinを提示すれば、形勢が逆転する

こちらも被害者です。穏便になるよう対応したものの、県側の歩み寄りがなかったため、クレームを言いに来る人たちも巻き込んで訴えることをにおわせました。そのうえで、「そういった事態にならないよう何でもするから協力してほしい」とお願いしたのです。ここで一度、お互いが協力体制にあ

ることの確認ができました。

復旧計画書も、県が書類をつくるのが一番早い解決方法だと伝え、県の担当者が作成をしてくれることになりました。

ここでわたしが意識したのは、お互いにとって一番早く解決できる着地点を見出すことです。そのうえで、対等な関係で協力体制をつくることでした。


話がまとまったら、その後、何度も県の担当者と一緒にクレームを言ってきた地主さんのところへ伺いました。そんなことを繰り返すうちに、県の担当者からは、「協力していただいてありがとうございました」と言われるようにまでなったのです。


「もうダメかも」とも思ってからが頑張りどき。

そのとき大切なのは、誰にとっても得する状態をつくること。解決策はきっと見つかります。

常に全体を考えれば自《おの》ずと答えが見えてくる

嫉妬心は結局のところ損になる

妬みや競争心は、負の循環を生んでしまう

物事を勝ち負けで考えると、負の循環を生みます。

わたし自身も、嫉妬心や競争心が原因のマウンティングで大変な目に遭ったことがあります。とくに男性からの嫉妬に悩みました。

妬みや勝ち負けの思想は、一時のパワーを生みますが、長続きしません。結果的には、自らの負の感情に押し潰されることになってしまいます。

共存共栄を目指したほうがうまくいく

お金を持っているかどうかにかかわらず、人は誰しも嫉妬心を抱くことがあります。

妬まれても折れない姿勢を見せると、余計に相手も突っかかってくる。

でも、最後まで折れなければ、嫉妬した人たちは去っていきます。

嫉妬するよりも、「人からかわいがってもらえるには？」ということを突き詰めたほうがよほど発展的です。

あえて嫉妬心を抱く人の懐に飛び込んでみるのもいいでしょう。

仕事も人間関係も、共存共栄を目指すのが一番いいのです。

何をされても仕返しはしない

大切にしている親の教え

わたしが大切にしている教えのひとつに、「自分がされて嫌なことは人にしてはいけない」というものがあります。

これは両親から言われてきたことです。自分がどんなにつらい目に遭っても、それは自分の身に起きたこと。人とは関係のない話です。

「自分はこんなつらい目に遭っているんだ。だから誰かにひどいことをしても許される」

「こんなに嫌な思いをしたのだから、仕返ししてもいい」

そう考える人も、少なくありません。

でも、負の連鎖は、誰も幸せにはしないのです。

仕返ししなければ、やがては仲間に恵まれる

わたしは、これまで何度も死んでもおかしくないと言われるような道を歩んできました。でも、一度逃げたらクセになると思い、歯を食いしばってとどまってきました。どんな場面でも、「人が嫌がることをしない」ということを徹底して、いまがあります。

いま、仲間に恵まれ、生かされているのは、この教えを守ってきたからだと、心から実感しています。

人としての品格を守り続ける

したことは、めぐりめぐって自分に返ってくる

「自分が相手の立場だったら?」ということを常に考える。

公私ともに、欠かせない視点です。

「自分さえよければ」という思いで動いていると、相手は大きな不信感を抱いてしまいます。

騙《だま》すより騙されたほうがいい——。

お金は借りてはいけない。

万が一借りてしまったときには、倍返しの気持ちで返す――。

どれも両親から教わってきたことです。

わたしが子どもの頃、わが家にお金を借りに来る人がたくさんいました。

なかには、借りるときは「お願いします」と頭を下げるのに、返すときにはバンとお金を叩きつけるような人もいました。

儲かっているときはたくさんの人が寄ってくるのに、それ以外のときはサーッと引いていく…。人はこんなにも変わるのかと驚いたものです。

それでも両親は、決して自分たちのスタンスを曲げませんでした。

ずるいことをした人はそれなりの現実が、清いことをした人には清い現実が返ってきます。

人としての品格のある人にしか、得られないものがあるのです。

どん底は未来を生きる糧になる

責任感が生んだ過度の執着

人生のどん底に陥ると、心の思うままには動けなくなります。

わたし自身も、底の底まで落ちたときには、本当は断りたい仕事も、すべて引き受けました。それ以外の選択肢がなかったのです。

身も心も削って、社員からも「こんな仕事をするのですか?」と言われたこともあります。「ごめんな」と答えながらも、心のなかでは「本当は自分が一番したくないよ…」という心境でした。

いまなら、心からいいと思えない取引などしないのですが、当時は、「継続は力なり」「成功するまでやり続ける」「我慢も美徳」という思考が強く、会社を存続させることへの執着心もありました。

社員のなかには、車を売ってまでお金にしてきてくれる人もいました。

そこまでしてもらったことで、「踏ん張るしかない」と、責任感の名のもとに、どんどん自分を追い詰めていったのです。

当たり前の生活こそ、ありがたい

冷静に考えると、本来はやめどきをすぐに判断できますが、当時はそれができませんでした。

数々の失敗を繰り返し、動いても動いても、迷路に迷い込むように、苦しい思いをし続けるという悪循環…。

どん底時代を思い出すと、いま普通の生活ができているだけでも、本当にありがたいことだと感じられます。

もし、わたしひとりで仕事をしていて、社員がいなかったとしたら、とっくに投げ出していたはずです。


もう二度と、どん底時代の生活には戻りたくありません。

ただ、いまがあるのは、間違いなくこれまでのおかげ。

踏ん張った分だけ、得られるものがたくさんありました。

いま、心豊かで穏やかに過ごせるようになっているのは、あの頃逃げなかったからです。


あのとき越えられたのだから、いつだって自分は這い上がれる——。

どん底は、未来を生きる糧になるのです。

「逃げる」と「やめる」は違う

トラブル時には言い訳せず、まず謝罪する

謝罪はスピードが命

トラブルが起こったときには、「言い訳をせずに」謝ります。

起こった内容にもよりますが、本当に迷惑をかけたときには第一声で「申し訳ありません」。先方にも非があるのではないかと思うときには、「ご迷惑をおかけしてしまったようで…」と伝えます。

相手から返ってくる反応が「いえいえ」というものであれば、「いえ、こちらからの説明がしっかり伝わってはいなかったのですね」と、なるべく「申

し訳ありません」と言わない謝り方をします。

もし先方が「いえいえ」と言わないような場合には、どのくらい怒っているのかの度合いを探ります。そして「気分を害されたのであれば、すぐに飛んでいきます」と言って、まずは顔を見に駆けつけるのです。

相手の怒りが50～100％くらいだと感じる場合には、駆けつけて「申し訳ありません。ご迷惑をおかけしました」と謝ることが先決です。

そして、「どのようにすればご納得いただける形になるでしょうか？」と尋ね、なぜ怒っているのかを確認するようにします。

「状況把握」も謝罪のうち

謝罪時に大切なのは、その案件の情報をすべて頭に入れて話をするということ。

ただ現状を把握するために何日もかけるのは、ナンセンス。謝罪は遅れれば遅れるほど、相手が不快な時間を過ごす時間が長引き、怒りがおさまりにくくなるからです。加えて、話し合いをする前から「謝れない人」という印象を抱かせてしまいます。

謝罪する姿には、人間性がにじみ出る

ですから、相手の怒りが大きいのなら、まずは謝罪の言葉を口にします。怒りの度合いが比較的小さいと感じる場合には、オーバーアクションで電話します。相手が「わざわざ電話してもらってごめんなさい」と言いたくなるくらい謝るのです。

「来なくてもいい」と言われるとわかっていても、「飛んで行きます！」と伝える。「明日行きます！」「いや、来なくてもいいよ」というやりとりがあっても、「本当ですか。許していただけるのですか」と念押しする。

「あなたが電話してきたから許すよ」となれば、「承知しました。申し訳あ

りません。明日は控えますが、改めてお伺いします。ご迷惑をおかけしました！　何卒よろしくお願いいたします！」と言って電話を切ります。

後日、手土産を持参して謝罪に出向きます。

「いいよ、いいよ」と言われても、「これはけじめですので。申し訳ありませんでした！」と伝えるのです。

「いいよ」と許してくれる相手には、とくに丁重に謝ったほうがいいでしょう。簡単に許してもらえたらからといって、油断してはいけません。

ここを軽く扱うと、2回目はないからです。

謝罪する姿をとおして、人はその人の人間性を見極めます。

だからこそ、怠ってはいけないのです。

下手な言い訳は火に油を注ぐ

トラブル時こそ、日頃の人間関係が試される

小さな対応こそ丁寧に行う

強固な人間関係を築く秘訣は、クレームになってもトラブルにならないようなお付き合いを、日頃から心がけることです。

売り手と買い手の立場になると、「買い手が偉いのだから、上からものを言っていい」という関係性になってしまうケースがよくあります。

わたしは上下関係をつくりません。

常にフラットな立場でコミュニケーションをとることを、意識しています。
なぜかと言うと、そうすることで、揉めたときにも、すぐに解決に向けた相談ができるからです。

「調子のいい人」になってはいけない

もっとも避けたいのは、「普段偉そうにしているくせに、困ったときだけ相談してくるね」と言われてしまうことです。

お付き合いしていれば、どうしてもお願いを聞いていただかなければいけないことも出てくるもの。

そんな有事のときに「ちょっと相談があります」と、気持ちよくお伺いを立てられるように、日頃から人間関係をしっかり築いておいたほうがいいのです。

人間関係ができていれば、解決も早い

人間関係ができあがっていれば、あらゆるコミュニケーションがとてもスムーズになります。

言いづらいことがあったとき、わたしは発覚したタイミングで相手に伝えるようにしています。

信頼関係のある間柄なら、あれこれと根回ししたり、トラブルにならないよう水面下で動くよりも、すぐに状況をお伝えしたほうが、解決も早いからです。

ただし、伝え方には注意したほうがいいでしょう。

まともに伝えては怒りを買ってしまう場合もあります。

相手を不安にさせない伝え方を徹底する

たとえば、太陽光パネルが強風で飛んで、500枚を入れ替えなければならなくなったとき、そのまま伝えると、ただ激怒されるだけです。

パネルを入れ替える必要があることは伝えなければいけませんが、理由まで詳細に伝えなくていいでしょう。

「それは仕方がないな」と思っていただける報告をします。

不測の事態が起こったときには、人は「大丈夫なのか?」と不安になります。だからこそ、相手の不安を増長させるような言い方はせず、ある程度言葉を変換し、解決策とあわせて伝えるのです。

常に立場は逆転する

「逆境」は向き合うことで「挑戦」になる

人生は挑戦の連続

「もうダメだ…」と思えることに直面するとき、ただただ逆境だととらえると、苦しくなります。

でも、挑戦だと思えば、「逃げずに立ち向かおう」と力がわいてきませんか？プラスの言葉に変換することで、違う景色が見えてくるはずです。

人生は挑戦の連続です。

ただ、あとで振り返れば笑い話にできることも、大きな波にのまれそうな渦中にいるときには、平常心ではいられません。
だからこそ、「これは挑戦なんだ」ととらえて、ひたすらに前を向くのです。

かならず霧は晴れる

逃げたくなるような逆境も、向き合えば挑戦になります。
苦しいときには、物事の見つめ方を変える――。
わたしはいつもこれを心がけています。

向き合っていれば、かならず霧が晴れる瞬間が訪れるはずです。

クレームを宝にする

過ちは潔く認める

仕事でかかわっていた通信教育会社が、ある書籍を完全にコピーしてテキストを作成していたということがありました。

当時、それを発見した出版社の担当編集者の方からクレームの電話が入り、たまたま、わたしがその電話を受けたのです。

その日は、偶然にもコンサルタントが通信教育会社の社員教育に訪れていたときでした。ちょうどいいタイミングだったので、その件について相談すると「うかつに答えてはいけません」という回答。

そのコンサルタントには、1日で30万円を支払っていたのですが、そんなバカバカしい回答しかもらえなかったことが、いまでも強く記憶に残っています。


自分でなんとかしようと、直接出版社に電話をかけて「申し開きはできません。そのとおりです」と答え、「会社が潰れない範囲なら、何でもします」と、担当編集者の方に伝えたのです。

「潰れない範囲」というのは、伝える側の懐《ふところ》次第です。ですから、「潰れない範囲のなかで、何でもします」と答えました。

「内容が酷似している」と言われて調べてみると、100%丸写し。

漢字がひらがなになっていた程度で文面も変えていないような状態だったので、テキストを見て、わたしも呆れてしまいました。

そのうえで、「間違いありません。100%丸写しです」と答えました。

一度電話を切ったあと、1時間後に担当編集者の方から着信がありました。すぐに「申し訳ありません。すぐ飛んでいきますので！」と伝えたところ、「来なくていいですよ。代わりに通信教育の生徒さんに、書籍の宣伝のチラシを入れてくだされば」と言っていただけました。

訴訟に発展してもおかしくない案件だったので、本来なら考えられないようなやりとりです。

潔い謝罪は、評価される

普通であれば、100%丸写しとわかれば顔面蒼白になり、言い訳ばかりが口から出てくるはずです。テキストを制作する段階では、まだ仕事にかかわっていなかったので、言い訳できることは山のようにありました。

でも、こちらの過失を潔く認めたのと同時に、「ここまでの責任はとります」

という伝え方をしていたこともあり、出版社の方も、「そんな対応をされたのははじめてだ」と言ってくださったのです。

その後、たまたま東京出張があり、部下が代理でお菓子を持って出版社を訪問したところ、担当編集者の方との交流が生まれ、現在でもいいお付き合いが続いています。

その後、個人的にその方に助けられたことも多くあり、とても貴重な縁を感じています。

どこでどんな縁がつながるのかは、わかりません。

だからこそ、その場しのぎなクレーム対応は命とりです。

逆に、最大限の対応をすれば、クレームさえも、宝となる縁になります。

いつでも誠実で、長いお付き合いができるような関係を築いていきたいものです。

うまくいかないときは、逆転の発想で考える

電波のない場所で携帯電話を完売させる

電波のない地域で、携帯電話を300台売ったときの話です。

販売支援の仕事として、

・携帯電話をどうしても売らなくてはいけない

・指定された期間内に300台売る

という指示を受けました。こちらが出社する手間も惜しいということだったのでしょう。「会社には来なくていいから」と言われ、皆で手分けして販売箇所を広げていきました。

もっとも売りにくいものを、どう売るか

わたしは「地元の大分に行ってきます」と伝え、昔からの先輩に頼んで、いろいろな場所に連れて行ってもらいました。

バスケットボール部のOB会など、ありとあらゆるところです。

そのほとんどが、当時はまだ携帯の電波が届かない地域だったので、「必要ない」と断られてしまいました。

当時は、携帯電話をいよいよ国民全員が持つようになる手前の時期。携帯販売会社は、電話を無料で配っているような状態だったのです。

ところがそのときは、携帯電話の本体料金として、1000円いただかないと赤字になってしまうという難しい条件がありました。

逆転の発想から生まれたセールストーク

どうしたものかと散々思い悩んでいたのですが、あるとき、セールストークをひらめきました。

「携帯電話は外出時に使うものです。家にいるときには固定電話があります。出かけるときに携帯するから携帯電話なんですよ」

この説明を聞いて、電波が届かないことを理由に購入しなかったお客様たちが、軒並み契約してくださったのです。

このケースで言えば、電波が届かないところに売りに行く人などほとんどいないのではないでしょうか。

わたしはそこで「電波がない場所だからこそ買いたくなるには？」という

逆転の発想をしました。

その結果、一気に何百台と契約が取れたのです。


うまくいかないときほど、逆転の発想をしてみてください。

ほかの人と同じことを考えていては、打開策は見つかりません。

そして、「自分だったらどう提案されたら買うか？」を徹底的に突き詰めること。なぜなら、自分が納得して買えないものは、人も納得して買えないからです。


考え抜けば、かならず解決策が見つかるはずです。

逆境はいつでも味方にできる

2章

仕事をやり抜く

「人を喜ばせたい」をすべての原動力にする

頼られたら断らない

わたしの生きがいは、人を喜ばせることです。

自分ひとりであれば、お金を稼ごうという気持ちが起こりません。

ひとりきりでおいしいものを食べても味気ないのと同じで、何事も誰かとわかち合うからこそ、幸せを感じられるのではないでしょうか。


一緒にいる人がいて、その人たちを喜ばせようと思うから、「頑張ろう」と思える。これが、わたしのエネルギーの源です。

なぜ人を喜ばせることが好きなのか。自分でも理由はわかりません。
学生の頃から、頼られたら「よし、なんとかしよう」と思うのです。

口だけの人に、ついていく人はいません。
「任せとけ！」と言うだけ言って、何もできないのは格好つかないことです
し、もし逆の立場だったなら、がっかりしてしまいますね。
責任感の強い人なら、「せっかく自分に期待して頼ってくれた人を残念な
気持ちにさせたくない」と意気込むのではないでしょうか。

人は誰かがいるから頑張れるもの。
わたしは、誰かの喜ぶ姿を見るのが大好きなのです。

商談は「濁さずはっきり」が鉄則

結論を出していただくことと、お金の話は必須

お客様との商談で、一番大切なことは何だと思いますか？

それは、「提案に対する結論を出していただくこと」と「お金の話をすること」です。

「え？　そんなこと？」と思うかもしれませんが、怖がって切り込んでいけない人がほとんどです。

わたしはどんな商談や交渉事でも、3回かかるものを1回で終えられるよう心がけています。

その気がないお客様のところにいつまでも通うことは迷惑になりますし、お互いのためになりません。

ですから、やる気があるかないかをスパッと聞くのです。

「検討します」は一番の断り文句

営業の世界では、「検討します」という回答は一番の断り文句です。

ところが、お客様の「検討」という言葉に淡い期待をしている営業マンが多いのも事実。

結論を出すことを恐れて、何度も何度も雑談だけして帰ってくるようでは、前に進めません。

「検討します」と言われたら、断られたと思って、新たなお客様のもとへ向かったほうがいいでしょう。

お金のやりとりについても、同じです。

「この日が入金ですが、用意できますか？」

「用意ができないなら難しいですね」

と投げかけたほうが、相手にもわかりやすく伝わります。

商談は濁さずはっきりと。

この姿勢が、お客様も自分も納得できるゴールへのカギになります。

お客様から感謝されて商談を終える これが本物の契約

覚悟があれば道はひらける

逃げない姿勢が人を動かす

起こることすべては、自分の責任。
そう思って生きると、いろいろなことに覚悟が決まります。
とくに人と接することにおいては、「仕方がない」で終わらせないこと。

逃げたいと思うことがあっても、「逃げたら負け。格好悪い」と思って向き合ったほうが、何事もうまくいきます。人より腹もすわります。
生きていれば、誰しもトラブルのひとつや2つは抱えるものです。

そんななか、最後まで責任を持ってやり抜く人とそうでない人は何が違うのか。

それは、覚悟です。覚悟が伝わると、人は「この人のために頑張りたい」という気持ちになるのです。

「最後までやり抜く」ということは「考え抜く」ということでもあります。

「やり抜く」というと前向きでパワフルに聞こえるかもしれませんが、そこには最悪の事態を考えながら進むことも含まれています。

いいときばかりではないという前提で、ひたすら考えて、考えて、考え抜く。だからこそ、万が一のときに一歩前に踏み出すことができる。

覚悟さえあれば、かならず道はひらけるのです。

契約は漏れなく迅速に行う

入金、納品までのすべての段取りを把握する

どんな商談でも、大切なことはすべて伝えて確認しながら進めることが鉄則です。なぜなら、正しい判断をするには、正確な情報が必要だからです。

たとえば、お客様の決済方法ひとつをとっても、「銀行ローンなのか、自己資金なのか」と支払い方法はさまざまです。

決済方法が確認できたら、期間も確認します。

ローンであれば決済が長いのか短いのか、そこまで確認して判断していく

のです。

仕事柄、1件あたり億単位の案件にかかわってきている分、細かいところまですり合わせしなければトラブルのもとになることを、わたしは身を持って経験してきました。

だからこそ、金額や案件の大小に関係なく、お金が入金されて、納品するまでの段取りは、どんなときにも欠かさず把握することを徹底しています。

何をするにしても、買い手・売り手の動きを把握し、必要な情報を集める。

そのうえで、迅速にベストな判断をくだすのです。

そうすれば、本当に買う気があるのか、実際に買えるのかがわかるようになってきます。

わたしは、「ぜひ、買いたいです」という人すべてにサービスを販売することはしません。たとえば、普段4000万円の物件が、3000万円で売りに出ていたとしたら、「買いたい」と答える人はいます。

ところが、「買いたい」という言葉のあとに、「買うためにはどうしたらいいですか?」という質問が出ない人は、買う意思がないと判断しています。

どうしようか迷っているお客様には「いつまで検討されますか。何日まで待ちますね」と期限をつくり、いつまでも待つことはしません。

先延ばしするだけでは前に進まないので、強制的に期限を設けながら取引を進めていくのです。このやり方で、わたしはクロージング率8割を維持してきました。

くまなく情報を得ること、お客様との間に期限を設けること。

この2つを守れば、商談はトラブルなく、3倍のスピードで進みます。

正しいことを真面目に正直に
それが信頼を築く唯一の道

「いいもの＝売れる」とは限らない

売れるのかどうかを、最優先で考える

どんなに素晴らしい商品でも、
・売れるのか売れないのか
・売れた結果、どれくらいのお金が残るのか
という視点で判断する目を持ったほうがいいでしょう。

ある顧問先の人が「ものすごくいい権利が手に入りそうなのです。しかも在庫負担もありません」と喜んで話してくれたことがあります。

わたしは、「まだ現物を見ていないうえ、売り方もわからないのに喜んでどうするのですか」と返事をしました。

どんなに素晴らしい特許商品でも、売れなければ意味がないのです。

「どう売るか」を考えるまでが商品化

以前、開発者と一緒に銀行の支店長のもとへ出向いたとき、こんなふうに一刀両断されてしまいました。

「いくら素晴らしいものでも、売れなければ意味がありません。今回は大林さんが売ってくれると思うから、我々は融資をしようと思うけれど、通常はいくら熱心にプレゼンをしても、たとえ優れた特許でも、売れなければいいものとは言えないんですよ」

これは、ものを売るというビジネスではすべてに当てはまることです。

どんなにいい商品でも、売れなければ意味がない

いいものであることは当たり前。
それを売れるように工夫したり、売るための販路を確保することが本当の商品化なのです。

どんなによい商品をつくっても「売れなければ意味がない」。
これはいつも肝に銘じたいことです。

興味と関心を引き出せなければ購入には至らない

儲けたい人ほど数字を怖がる

ビジネスは数字を明確にしてからはじめる

請け負う案件が発生したら、かならず必要経費や手数料の計算をして、

・できること
・できないこと
・期限

をすべて明確にする。

そのうえで、金額や条件を社内にて検討し、確定してから進めていく。

これが、わたしが徹底して行っていることです。

交渉を先延ばしした先にあるのは値引きだけ

ところが、思っている以上に、このことを欠いてしまう人が多いのです。

わざと曖昧にしたりして、

「あわよくば、もう少し予算を引き出せるかも…」

などと考えているのです。

残念ながら、このようなやり方では絶対にうまくいきません。


お金まわりのことを曖昧にしている人の根底に流れているのは、

「数字についてのことを言いにくい、主張できない」

という思考です。

でも、いつまでも金額を曖昧にしたままでいると、値上げどころではなくなり、最終的に値引きすることになってしまいます。

じつは、儲けたい気持ちが強い人ほどお金の話をしたがらず、最後は値引きでものを売ってしまうという矛盾した状態に陥りがちです。

これまでにたくさんのケースを見てきましたが、「儲けたくて損をする」という状況が、驚くほど共通しているのです。

言いにくいと思うことほど、曖昧にせずに明確に伝える。

とくにお金のことは、はじめからクリーンにしておく。

そのほうが信頼が生まれやすく、相手も自分も、気持ちのよい仕事ができますよ。

決めた価格で最後まで
それが本来の美しい仕事

メールの文章は過度なくらいがちょうどいい

メールは便利な反面、すれ違いが生じやすい

わたしはビジネスメールが苦手です。

相手の感情を読み取りにくく、言葉だけで判断されるので、誤解が生まれやすいからです。

こうしたすれ違いを避けるためにも、メールを打つときには、「行きすぎかな」と思うくらい相手を敬った文章にするようにしています。

それでもフォローが必要だと思う案件に関しては、メール送信後にすぐ電話をするようにしています。

使う文章には細心の注意をはらう

若い世代の人はとくに、メールやチャットを手軽なツールとして使います。もちろん便利ですが、ビジネスの取引という点で考えると、対面時より一層の細やかさが必要とされると思うのです。

しかも、文章はあとになっても残ります。何かあったときには証拠にもなるものですから、細心の注意をはらったほうがいいでしょう。

オンライン化が進み、文章でのやりとりが増えるいまこそ、言葉や文章に気をつかっていきたいものです。

自分ができないことを人に押しつけない

人として正しいあり方を貫く

自分ができないことを部下に押しつける人は、人望を失います。
では上司が押しつけるタイプの人ならどうするべきか。

わたしなら、最初から逆らったりはしません。
まず自分が実績を手にし、売上を上げることが先決です。
成果をあげていれば、自然とまわりが味方になってくれるからです。
逆にわたしが上司の立場のときには、あえて部下に次のような発言をするようにしています。

自分のできないことは「自分にはできないけれど、頑張ってきてほしい」。

自分ができることは、「大丈夫。できるから行ってきて」。

わたし自身ができないことを、押しつけることはしません。

フラットな態度が、良好な人間関係をつくる

かく言うわたし自身も、自分ができない業務に携わっている部下に対して、「辞められたら困るから」という理由で、腫れ物に触るような態度で接していた時期がありました。

でも、そのやり方ではうまくいきませんでした。

いつのまにか見下されてしまうのでしょう。

以前運営していた会社で、社員全員が退職してひとりになったとき、すべての業務をひとりで行わなくてはいけない、という状況に陥ったことがあり

ます。
プレゼンの資料や契約書を作成したり、交渉、オペレーションのすべてを引き受けて、なんとかこなす日々…。

でもそのとき、「自分ひとりでもできるじゃないか」と心から実感できたのです。それ以来、「フラットな態度で部下に接する」というスタンスが身につき、人とかかわることが、ずっとラクになりました。

「こんなこともできないのか」と部下を見下すわけでも、上から押しつけるわけでもなく対峙する――。
そのスタンスは、いまでも変わっていません。

相手の立場も自分の立場も守りきる その覚悟が人の信用につながる

承認欲求が強すぎる人はチームに加えない

短期的な成績より、人間性を重視する

「わたしが辞めたら困るでしょう」と思いながら、仕事をしている人がいます。顧問先の会社からもそういう人がいると相談を受け、わたしは

「その人にはいますぐ辞めてもらったほうがいい。みんなで協力したらどうにでもなるから。和を乱す人は、組織には不向きだと思いますよ」

と伝えました。

誰にでも承認欲求はあります。「頑張った分、認めてほしい」というのもわかります。ただ、度を超えると害になるのです。

「わたしがいなければ困るでしょう」と言ってしまうような人は、承認されたいあまり、問題を引き起こすトラブルメーカーになりがちです。

経営のことを考えると、売上や業績に貢献してくれる人の存在はありがたいものです。しかし、上に立つ人は、数字だけでなく、メンバーの人となりも見なければなりません。

売上を上げていた人がいなくなると、少し数字は落ちるかもしれませんが、困るといっても一時的なこと。「もっとみんなでいい会社にしよう」と思って仕事をすればいいのです。

長い目で見ると、一緒に働く人の人間性は無視できません。

短期的な数字よりも、人間性を見極めましょう。

新事業の判断軸は、需要と供給＋収益性

薄利多売では意味がない

新事業を考えるときに、欠かせない視点があります。

それは、売れる商品かということに加えて、収益性まで鑑みることです。

いまでこそ収益性を重視していますが、昔はわたしも「売れるか・売れないか」という判断だけで商品に飛びついていました。

でも、薄利多売では意味がありません。どうしたら収益が出るかというところまで計算しなければ、手元にお金が残らないからです。

コストが低く高収益のサービスを扱う

わたしはいま、人を雇って人海戦術をする必要があるビジネスには手を出していません。紹介をとおした営業をすることで、高額な報酬が入ってくる商材を扱うようにしています。

しかも、ものを売るだけではなく、仕組みや権利、システムをまとめて販売するような、利幅の大きいもの、大きくできるものを扱うのです。

利幅が小さいものも大きいものも、売り方は同じ。

売るときに心がけていることは、需要と供給のバランスです。

ニーズがあるところにプレゼンに行くこと。

この点を徹底しています。

そして、お客様が「わたしがほしかったものはこれだよ」と思っていただけるような情報を集めて、お伝えするのです。

大きく利益が出る売り先を確保する

ものがどこで売れるかを判断するとき、わたしの場合は、

「誰が買うだろう？　どこに売れるだろう？」

と問いながら、見立てていきます。

そして、そのなかで一番大きなところにアタリをつけて、そこから販路を確保していくのです。


たとえば、おむつを売りたいとき、わたしは介護施設に1件1件飛び込み営業はしません。

業界内の大手企業を見つけて、その企業のキーパーソンとつながります。

トップダウンで売り先を決めるのです。

「一番効果的に販促するには？」という目線をぶらさない

これは「てこの原理」とも言えます。

売りたい商品やサービスを中心に考えたとき、「一番効果的に販促するにはどうしたらいいのか」という目線をぶらさずに販売戦略を立てるのです。

このような発想をすると、お客様ひとりあたりの売上が1万円だったとしても、「1万人の会員がいる団体とつながって、1億円の収益を出そう」という設計ができるようになります。

新事業は、倒れると大きな損失を生んでしまいます。

でも、需要と供給＋収益性を意識すれば、しっかりと波に乗ることができるのです。

かかわったら最後まで責任をとる

目先の損得より、長続きする信頼関係を選ぶ

わたしのもとには、いろいろな相談や問い合わせが寄せられます。

市場には出まわらない情報もたくさん入ってきますし、有名な企業からも相談を受けることがあります。


「大林さんの会社なら、なんとかしてくれるだろうと思って」

と言ってご依頼いただくことが多いのです。

たとえば仲介業という分野では、「紹介したあとは、直接関係者同士でや

りとりしてください」というケースがよくみられます。

でも、わたしは何があっても最後までお客様にかかわること、かかわった以上は責任を持ってお客様の目的を達成することをモットーにしています。だからこそ、営業しなくても、紹介でつながるお客様や、リピートしてくださるお客様に囲まれているのだと思います。

目先の損得ではなく、長い目で見たときのお付き合いを優先するのです。
先のつながりを見据えた努力を惜しまないこと。
ありたい自分であること。
その選択をした自分を誇れる働き方をすること。

これらを徹底していると、強固なつながりが生まれ、多少のことでは崩れない信頼関係が生まれるのです。

失う恐ろしさよりも、いまできる最善策を考える

大クレームも、日頃の関係性次第でおさめられる

太陽光発電の仕事で、億単位の赤字になるような大クレームが出てしまったことがありました。太陽光パネルの販売時にミスがあり、販売した全パネルをほかのメーカーに取り替えなければいけないという事態に陥ったのです。

これでは工期が延びてしまいます。

社長、役員一同で丸坊主にして土下座をしに行こうという話が出たほどです。

ところが、実際は先方の責任者の方に「大事な話があります」と伝えて、

わたしひとりで出向きました。相手も察してくださり、「大事な話なら外で会ったほうがいいね」と二人だけで会うことに。

概要を話すと「聞かなかったことにするから、うまく大林さんが片づけてください」ということで事なきを得ました。

謙虚に、丁寧に、関係を築く

責任者の方とは、事前に関係をつくっていたのです。

少し気難しそうな印象でしたが、はじめてお会いしてからは何度も電話をかけ、現場でお会いしたときもお礼を伝え、会って3回目ほどのときには、プライベートの話で盛り上がったほどです。

売り主の立場になると「売ってやった」という態度をとってしまう人がいますが、こちらが「買っていただいてありがとうございます」というスタンスを貫いていたことで、トラブルを最小限にとどめることができました。

お客様の問題解決が最優先

クレームというのは、相手に迷惑をかけている状態です。

こんなとき、人は試されます。迷惑をかけていることよりも、自分が受ける損失への恐怖が強くなってしまうなら要注意。

もっとも最優先すべきは、お客様です。

とくに、お客様側の担当者の方に迷惑をかけない配慮は絶対に欠かせません。その方の立場が悪くなるような対応をしたら、二度と信頼を回復することはできないでしょう。ですから、担当者の方に上手に社内で立ち回っていただくための解決方法を考えなければなりません。

日頃の人間関係を大切にするのは、いざというときのためでもあります。

いただいているご縁に感謝し、相手と気持ちのよい関係を築いていく人は、トラブルを最小限にとどめられます。

クレームを解決するときは相手の立場が最優先

一度自分のやり方をすべて捨ててみる

ビジネスの原点は、先読みして動くこと

大学卒業後、実業団に入ったわたしは、先輩方と反りが合わず、半年で去りました。退団後は、金融関係の会社に営業として就職。1日300件以上の営業電話をかけ、1年間で全国3位になりました。

その会社を退職してからは、地元の大分に戻り、アルバイトで生計を立てることに。そこで、ある工場の専務秘書になったのです。

秘書になったときは、舌打ちばかりの毎日でした。

「ガソリンを入れてきて」と頼まれ、戻ってきたら「洗車してきて」と言われて引き返す。「1回で言ってくれればいいのに…」と心のなかでふてくされて、入社後の半年間は、ストレスで具合が悪くなるほどでした。

とはいえ、こんな生活をずっと続けるわけにはいきません。「このままではいけない。言われる前に全部やろう」と決意。以後、わたしは自分を捨ててみることにしました。専務の依頼は、すべてにおいて最優先。そうすると、腹も立たなくなったのです。普段の業務では、先読みをしてガソリンを入れ、資料を用意し、言われる前にすべてこなす日々。23歳の頃のことでした。

かゆいところに手が届く仕事の仕方を、徹底的に学んだ秘書時代。成長するために、自分のやり方を捨ててみることも、ときには必要です。大変でしたが、わたしの仕事の原点は、ここにあります。

どんな立場でも与えることを意識する

朝の掃除がビジネスにつながる

前ページで触れた工場の秘書の仕事とあわせて、マンション販売事業にかかわっていたことがあります。工場の親会社がマンションデベロッパーだったこともあり、秘書以外の仕事も任されていたのです。

ある日、マンション販売の専門会社に研修に行く指示を受け、研修先の福岡で、マンション営業のイロハを学びました。

ただ、すぐにノウハウを学べたわけではありません。

当初はいつまでたっても教えてもらえず、「いつ教えていただけるのですか」

と先輩に聞くと、「仕事が終わってから」というそっけない回答。
そこで、仕事が終わるまで待って、飲みの席で教えてもらっていました。
翌朝には誰よりも早く出社し、モデルルームの掃除をしていました。

いまできることを精一杯やる

「そんなことはしなくていいよ」と言われましたが、「ものを習う立場なら当然です。わたしが一番できないので」と、掃除や片づけなど、自分の役に立てそうなことを積極的に取り組んでいました。

そんな日々のなかで、裏技や金融計算なども含めたマンションの販売ノウハウを学んだ結果、マンションを販売することができたのです。
すると、社員旅行に連れて行っていただけたり、社員のようにかわいがっていただけるようになりました。

本気の姿勢は、周囲に伝わる

本社に戻ってからも、40戸と50戸のマンション2棟を担当していましたが、全戸数の半数以上をひとりで売りきりました。

購入したお客様が「いい担当者がいる」と紹介してくださったおかげです。


誰もが、何もないところからスタートします。

最初は自信もなければ、実力もありません。

その状況下から上がっていくには、まず、できることで精一杯貢献する。

すると、やがては本気の姿勢が伝わり、周囲も「どうにかしてやろう」という気持ちになるのです。


どんな立場であっても、与えることはできます。

いつでも精一杯のいまを、生きたいものです。

本気の姿勢が人を動かす

どん底でも人を信じきる意思を持つ

信頼していた人からの裏切り

福岡での生活を経て31歳の頃、わたしは部下とともに東京に進出しました。それまでお世話になった方からの紹介で、ある男性を紹介していただき、その方を社長にするという形で事業をはじめることになったのです。

その方は脚本家もしており、有名ドラマにもかかわっていたのですが、なかなか資金繰りが追いつかず、わたしが後ろでお金を工面し、あたかも彼が給与を支払っているように見せていました。

彼のきょうだいの支援も行い、社長に恥をかかせないように動いていました。

ところが、あるとき彼はわたしの部下たちに
「お前たちがこんなに頑張っているのに、大林は何もしていない。かわいそうに」

などと言いくるめて、部下を全員引き抜くという事態に……。

そのとき、５０００万円の仕事を請け負っていたのですが、その仕事も含めてとられてしまったのです。


結局、わたしに残ったのは借金だけでした。

まわりには誰もおらずひとりきり。

32歳くらいの頃のことでした。

そのときから、「人とはなんぞや」と自問自答する日々がはじまったのです。

「君ならできるだろ」のひと声で札幌へ

そんな折、取引先から「北海道に行くのであれば資金を出すよ」と言われ、節電器の代理店を立ち上げるため、札幌に行くことになりました。

北海道に移ってしばらくたったとき、今度は環境商材の代理店の権利の取得を持ちかけられました。

「大林くんなら何でも売れるだろう。お金を出すから会社をつくってやってみなさい」と投資家の方から出資していただけることに。

それからは、毎月1台はかならず売るというノルマをこなしていました。

知り合いや、カラオケで仲良くなった社長さんが買ってくださったり…と、順調に販売することができました。

その後も、サプリメントの販売をしたり、コールセンターを立ち上げたりと、さまざまな事業にかかわりました。

もちろんいいことばかりではありませんでしたが、どんなことがあっても「人を信じきること」を貫いてきたように思います。

いま一緒に事業をしているビジネスパートナーにも、この時期に出会いました。人とのご縁はどこで、どんなふうにつながるかわからないものですね。

自分自身にも未熟なところがあります。

だからこそ、騙されても、裏切られても、人との出会いは大切にしていきたい――。

いままでもこれからも、変わらず大切にしていきたいポリシーです。

目的を見失わなければ、手段が見えてくる

新しい売り方で、お菓子を3日間計50万円分売る

目的と手段を混同してしまう人がいますが、常に見失ってはいけないのは目的のほうです。

大学1年生の夏休み、地元のデパートでアルバイトをしました。

仕事内容は、ピーナッツやスルメなどが入ったお盆用の珍味を3袋1000円で販売すること。1袋398円、3袋買うと1000円です。

最初は真面目に売っていましたが、なかなか売れません。

「試食があればいいのに」と言われることもありました。

販売していると、1袋で買っていく人も多くいました。

お店の責任者はおらず、わたしひとりだけ。1袋で買っていく人の数を数え、6袋売れればだいたい1袋が無料になるという計算をしました。

そこで、12袋売れたら2袋はサンプルで出していいと勝手に判断し、「おいしそうね」と言ってくださった方には、その場で袋を開けて、「どうぞ、食べてみてください」と試食販売を開始。

すると、お盆の3日間で50万円ほどの売上になりました。

当時は、試食販売が普及していない時代でしたが、とても評価していただくことができました。

その頃はわたしも若かったので、女性のお客様が「こんなに男前のおにいちゃんなんだから買ってあげなよ」と、お客様がお客様をどんどん紹介してくださって、おもしろいように売れていきました。こんなうれしい誤算もあり、冬のアルバイトにも呼んでいただけることになったのです。

手段は柔軟に変えていい

「売る」という目的を果たすためには販売の「手段」を柔軟に変えていいということを実感した出来事でした。

どんな仕事にも目的があります。
ところが、手段にとらわれすぎて、目的からどんどんずれてしまうことも珍しくないのです。

どんなときも「目的は何か」を考え、行動する。
これだけで、大きく結果が変わります。

3章

人を動かす

初対面時の直感を侮らない

相手の人相と話し方に注目する

初対面の人と会ったとき、まず最初に見るのは、その人の顔と話し方です。真面目な人なのか、誠実な人なのか、お調子者なのか…想像しながら商談をします。

これは、ビジネスをスムーズに進めさせるためでもありますし、一緒に仕事をしてもいい相手かどうかを判断するためでもあります。

「なんとなく」の感覚を大切に

相手の顔と話し方に注目することで、おのずと選ぶ言葉や伝え方が変わってきます。

たとえば、プライドが高い人だなと思ったら、その人の自尊心をくすぐる伝え方をする。優柔不断な人だなと思ったら、期限を伝えるときにははっきりとした口調にする。

このようにして、相手によって伝え方を変えていくのです。

第一印象の直感を、大切にしてみてください。

「なんとなくこういう人だろうか」と感じる印象は、あながち間違ってはいないものです。

ときには相手を試してみる

ビジネスで大切なのは主導権を握ること

ビジネスは「どこまで主導権を握れるか」がポイントです。

誰もがお手上げだった難しい案件を引き受けることが多いからか、わたしは、人と人をつないだり、業務を取りまとめたりする役割を人一倍こなしています。

このとき、主導権をこちらで握ることが、ビジネスの成功を左右する大切なポイントとなるのです。

主導権は仕事の目的を達成するための手段になる

「主導権を握る」と聞くと、自分の好き勝手にするという印象を持つかもしれませんが、そうではありません。

ここで言う主導権とは、仕事の目的を達成するための「手段」としての主導権です。

かかわる人々にとって最善策を見出し、案件の目的を果たすことがミッションです。そこに自尊心や承認欲求などを持ち出されては困るのです。

チームのなかに「自分はすごいんだ」ということを誇示するために仕事をする人がいると、とたんに歯車が狂い出します。

それがたとえお客様であっても、です。

ですから、仕事が始まる前に「この人はプライドばかり高く、自分のことばかり考えているな」と感じたら、あえて厳しく伝えて試してみます。

話していて、「ただのひとりよがりな人だ」と判断すれば、「そうですか、よかったですね」「ではまた検討します」と言ってそのまま終わりにすることもあります。

相手を試したとき、いい反応なのかそうでないのかによって、一緒に組める人なのかどうかが決まります。

いいビジネスをするには、少し試して自分で主導権を握るべきなのです。

相手に
ひとりではできないことを理解させれば
主導権を握れる

売る側と買う側の論理は違うことを知る

ややこしい案件ほど、関係者全員を納得させることが不可欠

業種を問わず、あらゆる業務に携わってきましたが、なかでも太陽光発電の仕事は大きな柱のひとつです。太陽光発電でわたしのもとにオーダーがあるのは、いわゆる「ややこしい案件」ばかり。

問題があるので解決してほしいと相談に訪れる人がほとんどです。

このときにかならず心がけているのは、売りたい人と買いたい人の間に立っ

て折衝《せっしょう》を行い、それぞれが納得する形で着地させせることです。

しかし、売る側と買う側の論理は正反対です。

売る側は、簡単に効率よくたくさん売りたい。一方、買う側は少しでも安く買い、アフターサービスまで望んでいます。

好き嫌いをいったん切り離して考える

ややこしい案件の場合は、この両者の要望がとくに際立ちます。

その間に立つわけですから、目的を見失わず、いかに主導権を握るかがポイントです。複雑な案件を動かすために、わたしからクライアントにお願いすることも多々あります。

必要書類の準備といった事務的なことだけでなく、ときには「一緒に頭を下げましょう」と提案することもあります。このときに、建設的な話ができること、課題を解決するために一緒に努力できることが非常に大切です。
一見いい人に見える人でも、仕事になると正反対ということもあります。
ビジネスの場では、好き嫌いと切り離して考えたほうがいいでしょう。

そうは言っても、人間ですから、好き嫌いの気持ちがわいてくるのも事実。
どんなによい案件であっても、あまりにも「嫌い」が勝ってしまったら、潔くお断りすることにしています。

相手を見極め、こちらにできる最大限のことをする。
この姿勢を基本にしたいですね。

「売る側」とも「買う側」とも対等に お互い「ありがとう」を言える仕事をする

迷惑をかけたときは解決策よりも素直さが効く

相手を困らせたことをまず詫びる

どんな場面でも、一番求められるのは素直であることです。

素直＝認めること。

クレームの場面では、とくに言い訳から入ってはいけません。

クレーム対応の本などで、「簡単に謝らない」と書いてあるものを時折見かけますが、少し説明不足だなと思います。

どんな理由であろうと、まずはお客様を困らせる状況をつくってしまったことに対して謝ったほうがいいのです。

解決策はその後。感情的になっている相手にいきなり解決策を提示しても、火に油を注ぐだけだからです。

クレームが起きたら、その状況を瞬時に把握します。

大げさですが、わたしは「クレームは5秒で把握」と自分に課しているほど。そしてお客様の気持ちが落ち着き、準備が整ったら、そこからはスピーディに進めます。

こちらに非がある場合はもちろんのこと、そうでないときも、1秒でも早く相手に状況を伝えるに越したことはないからです。対応ひとつで、これまでの信用がすべて崩れてしまうことも珍しくありません。

まず素直さを見せる。解決策はそれから。

迷惑をかけてしまったときは、これが鉄則です。

日報だけで管理しようとしない

部下に興味と関心を持つ

これまでさまざまなマネジメントを経験してきましたが、わたしの場合、50人規模くらいまでの部署なら、頭のなかで管理できます。

「○○さんの契約の日」、「○○さんの有休の日」といったことを、全部覚えています。一度報告を受けたらインプットされるので、これまで部下に日報を出してもらったことがありません。

しばらく付き合っていれば、部下の体調の変化などもわかるので、「今日は帰っていいよ」と声をかけることもできます。

記憶力の自慢をしているわけではありません。部下に興味を持って接していれば、厳しく管理しなくても一生懸命働いてくれます。

管理したり、何かあったら怒ることは簡単です。

でも、そうすることで、部下は縛られる窮屈さを感じてしまいます。

人は、見ていてくれるという安心感のなかで本来の力を発揮します。

上司の厳しさよりも、優しさに応えようと思うもの。

管理するのではなく、興味を持って接していると、相手は勝手に「よし、やるぞ」という心持ちになってくるのです。

マネジメントは、決して難しいことではありません。

大切なのは、相手にどれだけ興味を持って見ているかということだけです。

買う人の目線で徹底的に考える

テーマパークで１箱７０００円のクッキーを売る

九州にあるテーマパークで働いていたことがあります。

会社のあらゆる課題を解決する立場として入社しました。

言い換えれば、社長も含め、その会社の社員ができないことをする、というのがわたしのミッションでした。


その現場が抱えていた課題のひとつに、自社で開発した1箱7000円のクッキーが売れないというものがありました。

難しいものをどう売るか

クッキーに配合されたきのこの成分が脳の活性化を促すので、記憶力アップにつながるというもので、簡単に言うと「頭のよくなるクッキー」というなんとも奇想天外なコンセプトです。

テーマパークという場所柄もあって、7000円という高額商品はまったく売れません。

わたしに課されたのは、このクッキーを売店で売るという難解なミッションです。当時、売店のひとりあたりの客単価は、平均1000円程度…。

「さあ、どうしたものか…」頭をひねらせた結果、わたしはあることを思いつきました。

あえて高額であることを伝える

まずわたしがしたことは、クッキーを箱から出して、売店に訪れた子どもたちに「試食」と称して食べてもらうこと。「さあ、どんどん食べていいよ」と勧めると、「おいしい！」とみんな喜んで食べるのです。

そうすると、一緒に来ている親御さんやおじいちゃんやおばあちゃんが見に来ます。そこで、はじめて商品説明をします。

「脳の活性化にいいクッキーで、続けて食べたほうがいいんですよ。ただ、1箱すべて買うと高いので、興味があるならバラ売りもします。1個150円で売っていますので、続けて食べられるかどうか、お子さんの様子を見てからのほうがいいと思います。よく考えてから買ってください。高いですからね」

デメリットであった「高い」という言葉を、何度も何度も伝えたのです。

すると、おじいちゃんが子どもに「これ食べられるの？」と聞きます。

こちらはおいしいと言ってもらえるように、たくさん試食してもらっているので、子どもは「うん、おいしい！」と答えてくれるわけです。

そうすると、じゃあ「3箱ちょうだい」と買ってくださる。

これを繰り返したところ、コンスタントに毎日何箱かかならず売れていきました。

若い人には「おもしろさ」をウリにする

20代くらいの若いお客様には、「シャレで頭のよくなるクッキーはどうですか？」とおすすめしました。

すると、「おもしろいからお土産にしよう」と買ってくださることも。若い世代の人は、ちょっと高くてもおもしろければ食いついてくれるのです。

この1箱7000円のクッキーを販売してからは、会社からも信頼していただき、販売の教育も任せてもらえるようになりました。

最終的には、1日1万円だった売店の売上を10万円にすることができました。

わたしが実践したのは、「どうしたら買いたくなるか？」。

お客様の立場と心理を徹底的に考えること。それだけです。

それをクリアすれば、確実にものは売れるのです。

考え抜けば
かならず答えが見つかる

接待の目的は「相手を楽しませること」

人を思う気持ちの積み重ねで、人間力が磨かれる

接待と聞くと、「会社のお金で飲み食いできてラッキーだな」と少し思うところはないでしょうか？　環境柄、最近は接待をしない会社も増えていますが、業界によっては商談の場として活用している会社も少なくありません。

わたしもこれまで数多くの接待をしてきました。

お酒が入ると気がゆるむこともありますが、「接待とは、お客様を楽しませるためのもの」ということを肝に銘じています。

自分たちが飲むための接待になってしまっては本末転倒です。

お客様の「楽しい」は、自分の「楽しい」とは違うかもしれないという意識を持つ。そして、参加者を巻き込んで盛り上げることが大切です。

ここでも、観察力が問われます。

かゆいところに手が届くサポートができれば、信用してもらえるでしょう。すぐにそういった関係になることは難しいかもしれませんが、相手を知ろうとする姿勢を、人は見ているのです。

この姿勢は、接待の場面に限らず、いつでもどんな場面でも生かすことができます。

誰かのためを思って行動する人には、どこか憎めない愛嬌があるもの。

人間力は、誰かの立場に立つことで磨かれていくのです。

「一緒にいると気持ちがいい」と思われるかかわり方をする

誰もが特別な自分でありたい

愛される人になるには、人を気持ちよくさせることが近道です。

「この人といると気持ちがいい」と思ってもらえたら、絶対に損はありません。

「気持ちがいい」と思ってもらうには、安心感や信頼感、気持ちよさ、楽しさを相手に与えられるよう意識しましょう。


お客様と接するとき、わたしはその人を尊重し、優先していることが相手に伝わるようにします。「その他大勢のなかのひとりではありませんよ」という気持ちがわかれば、心をひらいていただきやすくなります。
誰もが自分を見てほしいもの。特別扱いしてほしいものなのです。

相手を観察し、ときには質問する

かかわる際には、相手の立場に立って考えることをベースにします。相手の性格から行動パターンまで、すべてをわかって考えなければ、相手を気持ちよくすることはできません。

観察して考えるだけではわからないときは、「○○ではダメですか？」「これでいいですか？」「教えてください」と直接聞きましょう。

不器用でも「あなたを大切に思っています」という姿に、人は喜び、心をひらくのです。

「一緒に稼ぐ」という強い意思がWin-Winにつながる

10を分け合うのではなく、20稼ぐ

Win-Winの関係とよく言いますが、それが本当にできる人はどれだけいるでしょうか。

10稼いだら、全部自分でほしい、と考えるのがずるい人たちです。

本当のWin-Winの考え方とは、10ほしいなら、20稼げばいいという発想をすることです。

誰かと一緒に組むなら、稼ぐ額も倍にして、20、30にしてお互いにシェア

したほうがいいでしょう。

シェアするバランスがおかしくならないように、わたしはいつも金額面をクリアにしています。

それは、長期的にお付き合いできることを前提に考えているからです。

「1回稼げたら関係を終わらせてもいい」というスタンスでは、ビジネスも人間関係も長続きしません。

「一緒にやろう」とお互いに決めた時点で、「それぞれに利益が出続けるようにするにはどうしたらいいか？」を考えるのです。

ともに稼ぐＷｉｎ－Ｗｉｎの関係をつくる。

この姿勢を忘れずにいたいですね。

相手の立場によって言葉を変える

その人に合った言葉と温度感で背中を押す

わたしは企業のトップと話すときと、担当者と話をするときとで、話し方を変えています。とくに、買うか買わないかを判断していただくときは、投げかける質問も変えます。

責任者への質問は単刀直入に聞きます。

「買っていただけますか？」

そして、

「損はさせませんから、ぜひお願いします。何かあったときは全部わたしが引き取りますから！」

と力強く発言するのです。

決裁権者でない人には、相手が安心する言葉をかける

一方、稟議《りんぎ》をあげなければならない担当者の人たちには、

「何が不足していますか？　ほかに必要なものはわたしが責任を持って用意するので、任せてください」

と寄り添うような話し方をします。

なぜなら、この立場の人たちは、自分の責任と昇進の間で揺れているからです。「何か変なものを買って怒られたり、責任を問われるのが怖い」という思いが常にあるのです。

「自分のマイナスになるような問題自体を明るみに出してくれるな」と思う担当者もいます。

ですから、わたしは

「知らんふりをしておいてください。こちらですべて対応しますから。そのかわり、ぜひ上手に社内調整してくださいね。お願いします」

こう話をすることで、物事がスムーズに運びます。

それぞれに、置かれた立場が異なります。

どんな相手にも同じ言葉をかけるのではなく、相手の立場によって言葉を変えることを意識しましょう。

感謝の心は何度も伝える出し惜しみしない

教えるのではなく、気づきを与える

人の気持ちを動かすことを狙わない

一緒に働く仲間には、その人の成長を意識して任せる。

わたしはこのスタンスを大切にしています。

任された本人が、自発的に行おうと思ってもらえるように誘導したいので、

「こんなふうに成長してほしいから、この仕事を任せるよ。期待しているよ」

と目的まできちんと伝えたうえで背中を押します。

お客様や取引先に対しては、お互いに気持ちよくやっていくための小さな工夫をします。誰かがほめていれば「○○さんがありがたいとおっしゃっていましたよ」とかならずその人に報告し、感謝の気持ちも毎回伝えます。

そうすると、早めに審査してもらえたり、何かと優遇してもらえたり、通常ではありえないような協力をしていただけるということが起こります。

安心と信頼のなかで、人は気持ちよく動く

仕事がうまくいくときは、ただ業務がまわっているだけでなく、かかわる人たちが、気持ちよく動いているように思います。

そこには「力を出しきってもいい」と思える安心と信頼があるからです。

こういった気持ちのよい人間関係を築くまでに時間はかかるかもしれませんが、そのためにできることは決して大がかりなことではなく、日頃の小さな心がけだけなのです。

嘘をつかない、ずるいことをしない、マイナスの仕事をしない

飲みの席では本音が見える

真面目で頑張っている人でなければ、人は応援したいとは思わないものです。

わたしが若手のメンバーにいつも伝えていることは、「嘘をつくな」「ずるいことはするな」「マイナスの仕事をするな」この3点です。

コンサル先の企業の若手社長たちにも、同じ話をします。

「商売なので駆け引きはいい。でも相手を騙すことと、嘘をつくことはしてはいけない」

「できないことを『できる』と言ってしまうのは、騙すことと同じ」

マイナスの仕事を引き受けると、マイナスが永遠に続く

過去にこんな若手がいました。

「大林さんの紹介ですし、マイナスの仕事でも最初のお付き合いなので名刺代わりに受けようと思います」

そのとき、わたしはこんなアドバイスをしたのです。

「マイナスの仕事を受けると、ずっとマイナスの仕事しかこなくなる。今回はマイナスでも次の仕事はプラスになるという確約があるなら、仕事を受けてもいい。でも、次があるかわからないのにマイナスの仕事を受けてしまったら、次も同じような仕事しかこなくなるよ」

そして、彼には、先方にはプラスになる予算を提案し、「これならできる

けれど、これはできません」と正直に伝えるように言いました。

仕事の受け方は、後々まで影響してしまうだけに、あまりにも条件がよくない案件を提示されたときには注意が必要です。

ずるい人は人望を失う

また、ずるさは人望を失います。

以前、顧問を担当していた企業で、顧問就任前に飲み会に行ったことがあります。

そこに社長と付き合いのある、年上の取引先の方が同席しました。

おそらく、社長が飲み代を支払うのだろうなと思って見ていたのですが、その取引先の方がお店のウエイターに

「ワインを出していいぞ」

と言い、お会計のときには

「俺がワインを入れたから、ワイン分だけ払ってくる」

とワイン代だけを支払ったのです。

お金の払い方には、人間性が透けて見える

その後社長から、その取引先の方は、いろいろな案件を紹介してくれるので飲みに連れて行っているということを聞いたので、

「やめておいたほうがいい。年間1～2件程度なら、割に合わない。飲んで、格好つけてワインを入れて、自分の割り勘分も払わない。はじめて会ったわたしも同席しているなかで、年上であるにもかかわらず、自分の分を人に払わせてワイン代だけ払うなんて、付き合う価値はないと思うよ」

と伝えました。


男性の場合はとくに、飲み会の席での振る舞いで、その人の本音が見えることがよくあります。

おごってもらっているのに格好つけたり、ご馳走になっているのに「ご馳走さまでした」を言わない。

こういった振る舞いをする人は、仕事でもずるいことをしかねません。

ずるいことを考え出したら、人生は傾きはじめます。

仕事の場面でも、プライベートの場面でも、嘘をつかないこと、ずるいことをしないこと、マイナスの仕事をしないこと。

とても基本的なことですが、怠ってはいけないところです。

人は鏡
誠実な人のところに
誠実な人が集まる

謝罪では筋を通す

ビジネスの問題は、感情・お金・時間で解決する

相手に謝罪するときには、まずは筋を通します。

ずるいことをして逃げたり、ごまかしたりすることはしません。ただし、必要以上に責め立てられれば、「お言葉ですが…」とはっきり伝えます。

謝罪するときには、どうおさめるかがポイントです。

「悪いことをしてしまった」「迷惑をかけてしまった」と反省し、その気持ちをまず伝える。あれこれ言うよりも、謝るのが先決です。

ビジネスの問題は、感情・お金・時間、この3つでかならず片がつきます。

慌てることはありません。

謝罪するときに、この3つを押さえた解決策を提示すれば、ほとんどの場合おさめられます。


そのときに重要なのは、自分の感情を整えること。

そのために、謝罪の場面では筋を通すことが大切なのです。

謝罪になると逃げようとして、言い訳から入ってしまう人が多いのですが、それは逆効果。自分自身も落ち着きませんし、相手も激昂《げっこう》してしまいます。

潔く筋を通して、「申し訳ございません」と伝える。

これを忘れずに行いましょう。

手土産で「あなたは特別」と伝える

相手が喜ぶことに愛を込める

打ち合わせや商談があるとき、わたしはほぼ100%手土産を持っていきます。わざとしているわけではなく、「相手が喜んでくれるかな」という気持ちで、なかなか手に入らない名産品を見つけて持っていくのです。

なかでも、自分がおいしいと思うもの、もらってうれしいものを贈るように心がけています。

たとえば、保険の営業の方に渡すお土産は、その方が次のお客様にそのお土産をお渡しする可能性もあるので、「誰にあげても喜ばれる定番品がいいかな」などと考えて選びます。

ポイントは、「特別感」と「思いやり」です。戦略的にしているわけではありませんが、基本的には、もらってうれしくない人はいないでしょう。

やはり「気は心」なのだと思います。

仕事でご一緒する人の気分がよくなれば、こちらの気持ちも上がります。何より、自分のしたことで相手が喜んでくれるのは単純に気持ちのいいものです。

贈るときには、「見返りがなくて当たり前。返してくれたらラッキー」というくらいの軽やかな気持ちで行いましょう。

最後は人間力
「この人のためなら」と
思ってもらえる人間になる

4章

これからを生きる

まず稼ぐ。そこがすべての出発点になる

「やる気」より「その気」になる

これまで30を超えるあらゆる業種業態で、販売や販促にかかわってきました。そこで気づいたのは、ちょっとした工夫で増収増益につながるということです。

方法論も大切ですが、やはり抜本的な改革につながるのは、社員一人ひとりの考え方が変わることです。そうなれば、利益率は確実に上がります。

各々の意識が変わると、よりよくするために「気づく力」がついてきます。この「気づく力」が、大きな変化につながっていくのです。

そのためには、現場の人たちを「その気」にさせることが大切です。

「やる気を出せ！」と言っても、そう都合よくやる気がわいてくるわけではありません。

「プライベートを充実させて、仕事はほどほどに」と思っている人もいます。

しかし、好きなことをするには、自分の収入を上げること、つまり会社をよくしていくことが不可欠です。自分の幸せと会社がよくなることは直結するということを、一人ひとりに伝えたほうがいいですね。

こう考えると、誰かにどうにかしてもらうことを待っているだけでは、いつまでたっても稼げないということがわかってきます。

「自分が会社を盛り上げるぞ！」という人を、増やしていきたいものです。

発言権は
自立することで
得られるもの

最後まで責任をとれる人が信頼を勝ち得る

人は「あり方」に信頼を寄せる

最後まで責任を持てるという人は、いるようでいないものです。

わたしはこれまで会社員として、経営者として会社を転々としてきました。

振り返ってみると、「もうおしまいだ」と思ってしまうほどのピンチは数えきれないほどありました。

ただ、そんななかでも、従業員の給料だけは払う努力をし続けました。

ある会社を辞めるときも、社員に払う給料分の金額が会社に残っていないとわかっていたので、置き土産として630万円の給料分の売上を立ててから辞めたという経験もあります。

あり方が整っている人は、ぶれない

もちろん、そもそもこんなピンチなど招かないほうがよいのですが、「この社長は最後まで裏切らない。最後まで責任を持って自分たちのことを考えてくれている」と思われる存在であることを大切にしたいものです。

「この人だったら、一緒に仕事をしても大丈夫」と思われる人は、いつでもあり方が整っています。

人はその人の、ぶれない姿勢に信頼を置くのです。

わたし自身も、これからもずっと、そうでありたいと思っています。

ぶれない人は どんな時代にも 生き残る

お客様から頭を下げられる存在になる

一流は誰に対しても礼を尽くす

その場しのぎで、調子のいいことや思ってもいないことを平気で言ってしまう人がいます。このような人たちは、よく小手先で人を騙すようなことをするので、深い付き合いはしないほうがいいでしょう。

一方、わたしが尊敬しているトップセールスマンの先輩は、礼儀正しく、まったく偉そうにすることがありません。

戦略ではなく、習慣として、自然にそうしているのです。

こういった営業マンには、お客様のほうが「ありがとうございます！」を言います。それでいいと思いますし、そうでなくては続きません。

結果を出せる人は、誰に対しても変わらず礼儀正しいだけでなく、身だしなみもパーフェクト。

だからこそ、一流の人たちの信頼を勝ち得ているのです。

そして、怖いくらいに人のことをよく見ています。

ニコニコしながらも、この人はどういう人なのかということをしっかりととらえ、常に気にかけることを忘れません。

不安定な時代を迎えてはいますが、こういった人が、これからの時代も生き残っていくのです。

何があっても性善説を貫く

人を信じてかかわると、良縁がやってくる

人とかかわるときに避けたいのは、やりすぎることです。

過保護になると、結果としてモンスターを生み出してしまうことがあります。モンスターのような人たちは、人の優しさや弱みにつけこむ力と生き残るためのずる賢さを持っています。

こういった面倒な人たちに一度でも迷惑をかけられたら、「今後一切付き合わない」と決めている人もいるでしょう。

わたしもたくさん痛い目に遭ってきました。
それでも、人は100%悪ではないという見方をしています。
「この人のいいところはどこかな?」と見方を変えると、かならずひとつや2つ長所が見つかるからです。

人間関係をバサバサ切っていく人は、たとえ事業がうまくいっていたとしても、非常に孤独です。それは、心の奥深いところで人を信じていないからです。一方で、人と真摯にかかわっていると、「人はこんなにも冷たいことをするのか」という経験もします。でも、それでいいのです。

傷つくことがあったとしても、性善説を貫いて、人とかかわり続けましょう。かならずほかのところでよいご縁がめぐってきて、最終的にはうまくまわっていくのですから。

弱い自分を受け入れる

ありのままの自分を受け入れると、人は成長できる

いつ何時も、どんな業種であっても、最後は人で決まります。

もっと言えば、人間性で決まります。

これまで、不動産をはじめ、多種多様な業種を経験しましたが、いずれも仕事では「人」で結果が左右されてきました。

組織にいると、どうしても上司や同僚、その会社の文化に染まってしまいがちです。役職がつけば、勘違いしてしまう人もいるでしょう。

こういった環境のなかで、いかに人としてのあるべき姿を貫けるかが大切です。

自慢ではありませんが、わたしは会社員時代、退職に追い込まれたり、疎まれたことがありました。

いま振り返ってみると、辞めさせられるような状況になってよかったと思うのです。もし、そのまま会社に居続けていたら、その世界しか知らないいまま天狗になっていたでしょう。

職を転々とすることで、いつも「上には上がいる」ということを知ることができたのです。同時に、自分の弱い面を受け入れることもできました。

謙虚な気持ちになると、物事がどんどんいい方向にまわり出します。

弱い自分を受け入れる強さは、いつの時代にも必要なのかもしれません。

損得勘定で動かない

見返りを求めず貢献する

一緒に働いている仲間から、わたしのおかげで仕事に対する姿勢が変わったと言われたことがあります。

よくも悪くも、人は、他人の行動に感化されるのかもしれません。

コンサル会社の営業部長をしていたときのことです。

当時の月収は30万円。

総責任者としては薄給でしたが、わたしはお給料のほとんどを使って、部下たちを食事に連れていきました。

自分では当たり前だと思っていたのですが、見返りを求めずに会社に貢献する姿、徹底的に面倒を見るという姿勢を見て、一部の部下たちは、「一緒に会社を盛り上げていこう」とやる気を出してくれるようになったのです。

実直に懸命に、取り組み続ける

ただ、好意的に見てくれる人ばかりではなく、わたしはもっと給与をもらっていると思われていました。

周囲には、自分の給与額を知られていなかったからです。

損得勘定で動く人は、他人がどれだけ一生懸命に仕事していても、異なる見方をします。

嫉妬や妬みの気持ちから、人をマイナスの目で見てしまうのです。

でも、その空気に飲まれてはいけません。
人は人。自分は自分。
まわりがどうだったとしても関係ありません。

どんな状況に置かれていても、実直に懸命に、取り組み続ける。
そうすれば、かならず見てくれている人が現れ、ともに成長し合える同志が集まってくるのです。

本当の「いい人」とは損得勘定抜きで相手を大切にできる人

地に足をつけて仕事をする

注目が集まる業界ほど、正当な取引が評価される

太陽光発電のビジネスは、一部の投資家から非常に注目されています。詳しい話はここでは省きますが、10％を超える利回りがあり、国の保証もあります。太陽さえ照っていれば、何もしなくても勝手に利益を上げてくれるのです。

不動産や駐車場は、空室や空車、破損や火事などによって利益が変動するリスクがありますが、太陽光物件は、変動が少ないことも後押しになってい

る分、伸びています。ただ、参入する企業が多いので、国の定めた買取価格がどんどん下がっており、撤退する企業が多いのも事実です。

つまり、知識と経験に基づいたノウハウを持って正常な取引をし、信頼を積み上げている人たちしか生き残れないということです。

結局、信用できる相手かどうか、信用できる会社かどうかが肝になってきます。会社の規模は、あまり関係ありません。

太陽光発電のような、新規参入が増えている業界では、なおさら「信用度」が浮き彫りになってきます。

そこで働く人たちの「人となり」がシビアにチェックされているのです。

注目される業界で働く人は、とくに地に足をつけたビジネスを心がけたほうがいいでしょう。

どんな環境下でも、圧倒的な強みを磨く

ビジネスで必要なのは、現実をスピーディに動かす力

現在経営しているわたしの会社は、規模で言えば小さく、太陽光事業の業界のなかでも特殊な存在です。

ところが、ありがたいことに次々とお仕事をいただいています。

理由は簡単です。物事がスピーディに進むからです。

迅速に書類を作成し、フットワーク軽く動いて情報収集することができます。

なぜ迅速に進むのかと言うと、地域に密着し、首都圏の大手企業には入り

込めない情報を入手できるつながりがあるからです。

ビジネスで本当に必要なのは、現実をスピーディに動かす力です。

現実は、教科書どおりに進むとは限りません。

「現実をスピーディに動かす」ことに集中すると、机上の空論ではない実力がついてきます。


都心の大手企業の方に「どうしてそんなに早くできるのですか?」と聞かれることがありますが、とにかくそのときに自分が属する環境下で、必死に強みを磨いて突き抜ける努力をしてきました。


いま、その場でしか身につけられない力があります。

どんな環境下でも、他を圧倒する強みを磨くことはできるのです。

変化の激しい時代にこそ、「信頼」が問われる

圧倒的に信頼される人しか、高額サービスは扱えない

仕事人としてのわたしの強みのひとつは、高額サービスを売ることができることです。

大きな買い物をするとき、「信用できる人からでなければ買いたくない」という気持ちが誰にでもわくでしょう。

だからこそ、信頼し、購入してくださった方が大勢いること自体が、わたしにとってかけがえのない財産です。

人や金額で態度を変えない

誤解を恐れずに言えば、ボールペン1本を売るのも、マンション1棟を売るのも同じもの、とわたしは考えています。

商品が高額だからお客様に手厚く接したり、安価だから適当に対応するということは、あってはならないこと。

何を買っていただくにも、同じスタンスで接するべきです。

「ボールペンが書きにくいんだけど…」と言われれば、マンションに不備があったときと同じようにすぐに対応します。

人や金額によって態度を変えないぶれない姿勢に、人は信頼を置くのです。

だからこそ、金額にかかわらず真摯に仕事をする人にしか、1億円単位の商品を扱うことはできません。

変化の激しい時代だからこそ、わたしは「人の信用」というものがますます重要視されると思うのです。
ノウハウやスキルは、とってかわられていきます。

目の前の仕事、お客様に全力で尽くしましょう。
ビジネスに近道はありません。
いまある環境で力を発揮しきった先に、かならず次のステップが待っています。

いただいたご恩は忘れない
少しずつでも返し、
循環させていく

自分の会社だけでなく、業界をよくする視点を持つ

自分以外の存在に、思いを馳《は》せる

現在わたしが身を置いている太陽光発電業界には、素晴らしい方々もいれば、見ていて情けなくなるような仕事をする人もいます。

ただでさえ利権が絡み、人の一生を激変させてしまうほどの大きな金額が動く業界です。弊社は、この業界における「良心」のような存在でありたいと思っています。

それぞれの企業が目先の利益だけに走っていると、めぐりめぐってかなら

ず業界全体に不利益が生じます。

ですから、自社の利益も大切ですが、同時に業界全体をクリーンにする動きも必要です。

わたし自身は会社の代表という立場で働いていますが、業界全体のことを考えると、またひとつ視野が広がります。

これは、どんな立場で働いている人も同じです。

上司や社長、県知事など、自分よりも高い立場の人の目線で考えてみる。

そういったことの積み重ねが、自分の成長にもつながり、業界全体の底上げにもなります。

広く大きく物事をとらえ、自分以外の存在に思いを馳せる。

そんな生き方をしていきたいですね。

誰もが
使命を生きられる

おわりに

すべての経験が使命につながる

本書を最後までお読みいただき、ありがとうございました。

長い間、こう思って生きてきました。

「なぜ自分にばかり、こんな試練が訪れるのだろう」

「もっと器用に生きることができたら、どんなにラクだっただろう」

遠いまわり道をしてきましたが、いま穏やかな気持ちで振り返ってみると、決してそうではなかったことに気づかされます。

逆境も、逃げずに向き合えば未来への糧になること。

仕事をやり抜けば、揺るぎない自信が生まれること。

人を信じ抜けば、かならず返ってくるものがあること。

これからの時代を明るくとらえれば、歩みも明るいものになること。そういったことのすべてが財産であり、使命につながっていたのです。自分の足で立って生きるということを決めたとき、人は強くなれます。そして、自分以外の誰かのために動けたとき、わたしたちは見たことのない世界を手にできるのだと思います。

あなたの使命はなんですか?

謝辞

本書はたくさんの方との縁によって生まれました。
思いがけない出会いから、ずっと変わらずお付き合いくださっている藤原雅夫さん。返しきれないほどの恩をいただいたこと、生涯忘れることはありません。

長年の同志でもあり、ビジネスパートナーである株式会社オールリンク代表の俵谷泰代さんと俵谷理奈さん。処女作を出版できたのは、二人の後押しもあってのことです。大変な状況をともに経て現在があり、いまも支え合えることに感謝しています。これからもよろしくお願いします。

地元の先輩として、まるでじつの家族のように、長年にわたって支えてくださった高木章さん。わたしが一番大変なときに、身を削ってくれた友人の中島博之さん。いつも兄貴のような存在の奈良田秀行さん。心が折れそうなとき、いつも人のあたたかさを思い出させていただきました。良心をありがとうございます。

出版の機会をいただいた、かざひの文庫代表の磐﨑文彰さん。素晴らしい装丁に仕上げてくださった、デザイナーの重原隆さん。

藤原さんの縁で出会い、数年のお付き合いをするなかで、プロデューサーとして、企画・編集・制作を担当いただいた株式会社サイラスコンサルティング代表の星野友絵さん。

わたしにとって初の出版にご尽力いただき、ありがとうございました。

どんなときも、黙ってサポートをし続けてくれた姉、義兄には頭が上がりません。わたしにできることを続けながら、これから先もともに生きていけたらと思っています。

そして両親へ。

二人には、子どもの頃から人としての品格を教えてもらってきました。

謙虚さを美徳とし、驕らずに生きることをよしとする。

その教えが、わたしの原点です。

たくさんの愛情をかけてもらいながら、それ以上に面倒をかけてきました。

わたしから電話がかかってくるたびに、「今度は何があったのか…」と不安にさせたことも、心配で泣かせてしまった日も、多々あったはずです。

それでもわたしを信じ、いつも支え続けてくれた。

その恩は、一生かかっても返せません。

「誠一はもう大丈夫だ」と思ってもらえるように、いただいてきたものを次の人たちにも渡していけるように、この先の人生も力を尽くしていきます。

本当にありがとう。


最後に読者のあなたへ。

あきらめなければ、人生はかならずひらきます。

歩み続けているなかで、いつの間にか使命に気づくはずです。

ぜひ、自分にしか歩めない道を、堂々と、胸を張って生きていきましょう。

本書を手にしたすべての方が、新しい一歩を踏み出せることを、心から願っています。

２０２０年11月　大林誠一

大林誠一（おおばやし・せいいち）

1992年、久留米大学卒業後、一部上場企業のバスケットボールチームに実業団入りした後、地元の電子部品メーカーにて、専務秘書となる。不動産販売にも携わった後、省エネ機器のトップメーカーから声がかかり、全国代理店営業のトップセールスマンとして活躍。

その後、新しい仕組みづくりを構築し、事業を全国規模に。このとき、街の不良グループたちを更正させ、結果を出す営業マンへと成長させる。

札幌市内で起業してからは、大手通信教育会社の新規教材開発や電話応対のオペレーション業務受託をはじめ、経営コンサルティングや飲食業の企画運営などに取り組み、東京、福岡でもビジネスを展開。洞爺湖サミットでは、環境省主催のエコパビリオンの運営管理を受託。

太陽光発電システムの企業では、初年度に営業として、10億円以上の売上を上げる。

これまでに、のべ30業種を超える事業に携わり、事業の立ち上げや販売促進、人材育成など、あらゆる実務を経験。

2016年にシーアンドシー㈱設立後は、太陽光発電事業や実務交渉サポートのほか、かならず結果を出す経営コンサルティングと、後進の育成にも力を入れている。

使命《しめい》に生《い》きる

著者　大林誠一《おおばやしせいいち》

2020年11月28日　初版発行

発行者　磐﨑文彰

発行所　株式会社かざひの文庫
〒110-0002　東京都台東区上野桜木2-16-21
電話／FAX 03(6322)3231
e-mail:company@kazahinobunko.com http://www.kazahinobunko.com

発売元　太陽出版
〒113-0033　東京都文京区本郷4-1-14
電話03(3814)0471　FAX 03(3814)2366
e-mail:info@taiyoshuppan.net http://www.taiyoshuppan.net

印刷・製本　モリモト印刷
企画・構成・編集　星野友絵
装丁　重原 隆
DTP　KM-Factory
カバー写真　本間寛

ISBN978-4-86723-020-6